cat
katt

rabbit

kanin

dog

hund

chick

kyckling

duck

anka

sheep

får

goat
get

pig

gris

donkey

åsna

horse

häst

cow

ko

mouse

mus

bat

fladdermus

bee

bi

spider

spindel

fox

räv

deer

rådjur

squirrel

ekorre

hedgehog

igelkott

owl

uggla

frog

groda

snake
orm

racoon

tvättbjörn

parrot

papegoja

toucan

tukan

alligator

alligator

sea turtle

havssköldpadda

flamingo

flamingo

penguin

pingvin

crab

krabba

jellyfish

manet

seal

säl

shark

haj

whale

val

orca

späckhuggare

starfish
sjöstjärna

rhinoceros

noshörning

panda

panda

monkey

apa

lion

lejon

tiger

tiger

elephant

elefant